Norbert Berens
Marguerite Koob

THEMENHEFTE ETHIK

Frei sein und Verantwortung übernehmen

Komplett ausgearbeitete Unterrichtseinheiten mit Kopiervorlagen
3./4. Klasse

Auer Verlag

Gedruckt auf umweltbewusst gefertigtem, chlorfrei gebleichtem
und alterungsbeständigem Papier.

1. Auflage 2012
Nach den seit 2006 amtlich gültigen Regelungen der Rechtschreibung

AAP Lehrerfachverlage GmbH, Donauwörth

Illustrationen: Bettina Weyland
Umschlagfoto: © SergiyN – Fotolia.com
Satz: Fotosatz H. Buck, Kumhausen
Druck und Bindung: Kessler Druck + Medien GmbH, Bobingen
ISBN 978-3-403-**06828**-0

www.auer-verlag.de

Inhaltsverzeichnis

Unterrichtseinheit 1: Der erste Stein

Unterrichtsplanung und -vorbereitung

Unterrichtsziel:

Mit Steinen kann man werfen und Schmerzen zufügen, man kann mit ihnen aber auch ein Bauwerk errichten. In dieser Unterrichtseinheit wird den Schülern[1] bewusst gemacht, dass sie zwar die Freiheit besitzen, über andere zu urteilen, dass sie jedoch auch die Verantwortung tragen für das, was sie mit ihrem Urteil bewirken können.

Zeitrahmen:

2 Unterrichtsstunden

Hilfsmittel:

Vorbereitete Kopiervorlagen:
- Lesetext: Der erste Stein
- Arbeitsblatt AB 1: Gregor
- Arbeitsblatt AB 2: Steine
- Arbeitsblatt AB 3: Bausteine

Weiteres Material:

–

Erste Unterrichtsstunde

Einstieg:

Der Lehrer liest den Lesetext „Der erste Stein“ vor.

Verlauf:

Nachdem der Text kurz auf das allgemeine Verständnis geprüft wurde, werden folgende Fragen gemeinsam besprochen:
- Wie wirkte Gregor, als er die Klasse betrat?
- Wie reagierten die Kinder, als Gregor zum ersten Mal sprach?
- Welches Problem hatte Gregor beim Sprechen?
- Wie fühlte Gregor sich durch das Benehmen der Kinder?
- Was geschah dann in der Pause?
- Wie benahmen sich Max, Tobias und Sabine?
- Warum wohl trat die Lehrerin in der Pause zu den Kindern?
- Welche bekannte Geschichte erzählte sie?
- Warum hat damals keiner den ersten Stein geworfen?
- Was fragte die Lehrerin Sabine? Warum sagte sie das gerade zu Sabine?
- Warum fragte die Lehrerin Gregor, ob sie ein bisschen von seinem Leben erzählen darf?
- Warum also betonte Gregor verschiedene Wörter anders?

1 Aufgrund der besseren Lesbarkeit ist in diesem Buch mit Schüler auch immer Schülerin gemeint, ebenso verhält es sich mit Lehrer und Lehrerin.

- War Gregor deswegen ein schlechter Schüler?
- Weshalb waren die Kinder gar nicht stolz auf sich?
- Woran hatte es den Kindern gegenüber Gregor gemangelt? (Welches andere, den Kindern bekannte Wort, steht für Achtung vor einem Lebewesen?)

Nun leitet der Lehrer das Unterrichtsgespräch auf die Kinder in der Klasse über:
- Wie hätten sie reagiert, als Gregor zum ersten Mal sprach?
- Wie hätten sie sich wohl in der Pause gegenüber Gregor benommen?

AB 1 dient abschließend der individuellen Arbeit.

Zweite Unterrichtsstunde

Einstieg:

Der Lehrer bringt den Lesetext „Der erste Stein" in Erinnerung und leitet die Aufmerksamkeit der Kinder auf folgende Fragen:
- Aufgrund wessen haben die Kinder in der Geschichte sich ihre Meinung über Gregor gebildet?
- Wie haben die Kinder sich dann gegenüber Gregor benommen?
- War die Meinung der Kinder richtig?

Verlauf:

Nun fragt der Lehrer die Kinder, aufgrund wessen sie sich eine Meinung über ein ihnen bislang unbekanntes Kind bilden. Worauf achten sie besonders? (Äußeres, Benehmen usw.)

Wie verhalten die Kinder sich gegenüber einem anderen Kind, wenn sie eine schlechte Meinung von diesem Kind haben? „Werfen sie mit Steinen" aufgrund ihrer Meinung? Warum tun sie das oder warum nicht?

Denken die Kinder, dass es richtig ist, sich vorschnell eine feste Meinung über einen anderen Menschen zu bilden, so wie die Kinder das mit Gregor gemacht haben?

Sind sie persönlich bereit, ihre Meinung zu ändern, wenn neue Erkenntnisse sich dem Bild hinzufügen, welches sie sich von jemandem gemacht haben?

Anschließend schreibt der Lehrer den Satz an die Tafel: *„Derjenige, der noch nie einen Fehler gemacht hat, soll den ersten Stein werfen."*

Was ist mit diesem Satz gemeint? Gibt es Menschen, die nie Fehler machen? Oder anders gefragt: Gibt es perfekte Menschen? Wie würden die Kinder sich inmitten von in jeder Hinsicht perfekten Kindern fühlen?

Anschließend schreibt der Lehrer folgende Sätze an die Tafel: *„So, nun könnt ihr weiter spotten. Werft eure Steine!"* Nachdem diese Sätze in den Kontext der Geschichte gesetzt wurden, werden gemeinsam folgende Fragen besprochen:
- Was meinte die Lehrerin mit diesen Sätzen?
- Welche Arten des Spottes sind hier gemeint – der spielerische, kameradschaftliche Spott, mit dem man beispielsweise einen Gegner beim Sport herausfordert oder einen Freund oder Kumpel hänselt, oder der verletzende Spott, welcher Missachtung ausdrückt und einen Menschen aus einer Gruppe ausschließt?
- Steine verletzen den Körper eines Menschen, sie sind schwer, hart und scharf. Wie ist es mit den Steinen des Spottes?
- Kann man einem Menschen auch mit den „Steinen des Spottes" Schmerzen und Schaden zufügen? Welche Teile des Menschen verletzen diese Steine?

- Ist es richtig, einen Menschen durch Spott zu verletzen? Warum denken die Kinder so?
- Tragen die Kinder also auch eine Verantwortung, wenn sie „Steine des Spottes und der Missachtung werfen“?
- Welche Haltung gegenüber Kindern und Erwachsenen, welche die Schüler gering schätzen oder nicht leiden können, ist dennoch angebracht?

AB 2 dient der individuellen Arbeit.

Anschließend schreibt der Lehrer folgende Sätze an die Tafel: *„Das ist dann mein erster Stein. … Aber ich werfe ihn nicht, ich lege ihn. Ich lege den ersten Stein zu etwas, das wir alle zusammen aufbauen sollten: …“*

Folgende Fragen werden gemeinsam besprochen:
- Wer sagte diese letzten Sätze?
- Was meinte das Mädchen damit? Was sollen die Kinder alle zusammen aufbauen?
- Was baut man normalerweise mit Steinen?
- Sind Häuser, Brücken, Schulen, Sporthallen usw. wichtig für die Menschen? Was bringen sie den Menschen?
- Was bringen Freundschaften den Menschen?
- Mit welchen Steinen werden Freundschaften gebaut?

Und abschließend auf die Geschichte „Der erste Stein“ zurückkommend:
- Wie fühlen sich die Kinder bei der Hilfe, die sie Gregor leisten, und beim Aufbau der Freundschaft mit dem Jungen?
- Wie kann man den Titel der Geschichte verstehen? Welcher Stein ist wohl mit dem Titel gemeint?

AB 3 dient abschließend der individuellen Arbeit.

Der erste Stein

Als Gregor unseren Klassensaal zum ersten Mal betrat, wirkte er schüchtern und hilflos.

Die Lehrerin wies ihm einen Platz in der dritten Reihe zu, zwischen Tom und Isabella. Dann ging der Unterricht weiter und wir mussten wieder aufpassen. Doch dann wurden wir einer nach dem anderen aufgerufen und als Gregor drankam, konnten wir uns das Lachen nicht verbeißen: Gregor konnte nicht richtig sprechen! Genauer gesagt, er betonte verschiedene Wörter falsch. Das hörte sich lustig an, aber der Neue wurde nur noch unsicherer und es fehlte nicht viel, dass er angefangen hätte zu weinen.

Die Lehrerin setzte ihr strenges Gesicht auf und schaute uns böse an. Wir verstummten. Dann blickte sie Gregor freundlich an, sagte, er habe gut geantwortet, und rief den nächsten auf. Kein einziges Wort sagte sie über seine komische Ausdrucksweise, kein einziges!

Wir sahen uns erstaunt an. Wusste die Lehrerin etwas, das wir nicht wussten? Gab es eine Erklärung für die merkwürdigen Sprachfehler?

In der Pause stellten wir uns natürlich alle um Gregor herum auf und wollten alles Mögliche von ihm wissen. Wo er herkomme, in welcher Schule er bis dahin gewesen war, wo er wohne und so weiter und so fort. Dabei zeigte es sich, dass Gregor jetzt, wo er nicht mehr im Schulsaal war, noch immer Wörter falsch betonte. Einige von uns machten ihm deshalb Bemerkungen und Max sagte sogar, „Gregor sei nicht richtig im Kopf“. Tobias nannte ihn gar einen Trottel und die hochnäsige Sabine erklärte, mit so einem wolle sie nichts zu tun haben.

„Warum denn nicht?“, erklang plötzlich die Stimme der Lehrerin. Sie war hinzugekommen und niemand hatte es bemerkt. „Vor langer Zeit“, fuhr die Lehrerin fort, „hatte jemand einen Fehler gemacht und die Leute wollten ihn dafür steinigen. Da sagte ein gescheiter Mann, derjenige, der noch nie einen Fehler gemacht hat, solle den ersten Stein werfen. Niemand warf einen Stein, die Leute gingen nach Hause.“

Keiner von uns sagte noch irgendein Wort, niemand rührte sich.

„Sabine, bist du der Meinung, dass du perfekt bist?“ Sabine antwortete der Lehrerin nicht, sondern senkte den Kopf. Wahrscheinlich wünschte sie sich, irgendwo zu sein, bloß nicht hier auf dem Schulhof.

„Gregor, darf ich ein bisschen von dir erzählen?“ Der Neue nickte stumm.

Wir schauten gespannt zu der Lehrerin hin. Sie blickte uns einen nach dem anderen an und begann zu reden: „Gregor ist ein sehr guter Schüler. Ich habe seine Noten gesehen. Dabei hat er es sehr schwer. Sein Vater starb bei einem Unfall, als Gregor erst fünf Jahre alt war. Seine Mutter ist taubstumm und kann sich nur in der Zeichensprache verständigen. Gregor hat also heute keine Eltern wie ihr, die mit ihm reden und ihn verbessern können. Deshalb betont er verschiedene Wörter falsch.“

Wir schwiegen und waren überhaupt nicht stolz auf uns.

Die Lehrerin wandte sich ab und ging ein paar Schritte fort. Dann drehte sie sich noch einmal um und sagte diese fürchterlichen Worte: „So, nun könnt ihr weiter spotten. Werft eure Steine!“ Dann ließ sie uns stehen.

Tom sagte als Erster etwas: „Also ich finde, Gregor ist ein netter Kerl, und ich bin froh, dass er neben mir sitzt.“ Sofort sagten einige von uns, dass sie auch fänden, dass Gregor ein netter Kerl sei und dass sie sich freuten, Gregor in unserer Klasse zu haben. Dann sagte Isabella, dass Gregor es wirklich schwer habe und dass wir ihm ja helfen könnten. Wir könnten mit ihm üben, die Wörter, die er falsch betonte, richtig auszusprechen. Das sei eine gute Idee, meinten wir und wir würden auch alle helfen.

„Das ist dann mein erster Stein“ erklärte Isabella. „Aber ich werfe ihn nicht, ich lege ihn. Ich lege den ersten Stein zu etwas, das wir alle zusammen aufbauen sollten: eine Freundschaft mit Gregor.“

AB 1	Gregor	Name: ____________ Datum: ____________

Wie reagieren die Kinder in der Klasse, als Gregor zum ersten Mal spricht? Warum?

Wie fühlt sich Gregor durch das Benehmen der Kinder?

Was geschieht dann in der Pause?

Warum betont Gregor verschiedene Wörter falsch?

Weshalb sind die Kinder nachher gar nicht stolz auf sich?

Woran hat es den Kindern Gregor gegenüber gemangelt?

Hast du eine ähnliche Situation erlebt? Möchtest du erzählen?

AB 2	**Steine**	Name: ____________ Datum: ____________

Kreuze an, was zutrifft, und schreibe weitere Antworten.

Wenn ich eine schlechte Meinung von einem anderen Kind habe:
- ☐ spiele ich nicht mit diesem Kind
- ☐ sage ich ihm/ihr meine Meinung
- ☐ meide ich das Kind einfach, ohne etwas zu sagen

Was bewirken Steine des Spottes?

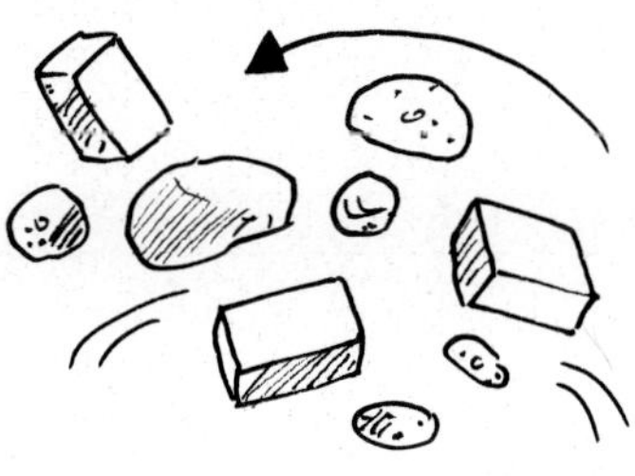

Wie fühlst du dich, wenn dich jemand verspottet und missachtet? Warum fühlst du dich so?

Wie denkst du über Kinder, die andere Kinder verspotten und missachten? Findest du ihr Handeln richtig? Warum denkst du so?

Welche Haltung gegenüber Menschen, die man missachtet oder nicht leiden kann, ist im Allgemeinen angebracht?

AB 3	**Bausteine**	Name: ______ Datum: ______

„Das ist mein erster Stein. Aber ich werfe ihn nicht, ich lege ihn. Ich lege den ersten Stein zu etwas, das wir alle zusammen aufbauen sollten.“

Was möchten die Kinder in Gregors neuer Schule alle zusammen aufbauen?

Mit welchen Steinen sind Freundschaften gebaut?

Beschrifte die Steine. Du darfst natürlich weitere Bausteine hinzumalen.

Unterrichtseinheit 2: Der Tsunami

Unterrichtsplanung und -vorbereitung

Unterrichtsziel:

Frei sein, Entscheidungen treffen und Verantwortung übernehmen: Das ist schwieriger, als es sich anhört. Manch einer bringt es ein ganzes Leben lang nicht fertig. Um den Schülern, die ja noch Kinder sind, diesen Prozess deutlich zu machen und ihnen die Möglichkeit zu geben, die einzelnen Etappen zu identifizieren, entstand die von realen Begebenheiten inspirierte Kurzgeschichte „Der Tsunami". Darin wird beschrieben, wie das Mädchen Mia zwei wichtige Entscheidungen trifft, die letzten Endes dazu führen, dass viele Menschenleben gerettet werden. Zuerst entscheidet Mia sich, obschon sie mit den Gedanken woanders ist, in der Schule zuzuhören, als der Lehrer über das Meer spricht. Später übernimmt sie als Kind die Verantwortung, Erwachsene aufzufordern, vor eben diesem Meer zu fliehen.

Zeitrahmen:

2 Unterrichtsstunden

Hilfsmittel:

Vorbereitete Kopiervorlagen:

- Lesetext: Der Tsunami
- Arbeitsblatt AB 1: Der Tsunami
- Arbeitsblatt AB 2: Der weiße und der gelbe Geländewagen
- Arbeitsblatt AB 3: ___________ (Der Titel wird von den Schülern bestimmt.)
- Arbeitsblatt AB 4: So bin ich

Weiteres Material:

- Tafelmagnete o. Ä. für den Lehrer
- Schere, Kleber und Malfarben für die Kinder
- kleine Zettel

Erste Unterrichtsstunde

Einstieg:

Der Lehrer liest den Lesetext „Der Tsunami" vor.

Verlauf:

Nachdem der Text kurz auf das allgemeine Verständnis geprüft wurde, werden folgende Fragen gemeinsam besprochen:

- Warum fiel es Mia vor den Ferien so schwer, in der Schule aufzupassen?
- Warum wohl wurde sie aufmerksam, als der Lehrer von den großen Meeren sprach?
- Was erzählte der Lehrer über die Meere?
- Was ist ein Tsunami?
- Woran erkennt Mia am Strand, dass ein Tsunami kommt?
  (Hier ruft der Lehrer das Phänomen von Ebbe und Flut kurz in Erinnerung, um es gegen die Anzeichen eines Tsunamis abzugrenzen.)
- Wie ist Mias erste Reaktion?
- Warum bietet das Hotel nicht genügend Schutz vor dem Tsunami?

- Warum braucht Mia sich keine Sorgen um ihre Eltern zu machen?
- Warum bleibt sie plötzlich stehen? An wen denkt Mia?
- Was sieht sie, als sie sich umdreht und zum Meer schaut?
- Hat sie viel Zeit, die Menschen im Hotel zu warnen?
- Mia hat Angst um ihr Leben. Warum läuft sie dennoch zum Hotel, um die Menschen zu warnen?
- Was tut Mia, nachdem sie die Menschen gewarnt hat? Warum läuft sie, ohne sich noch einmal umzudrehen?
- Worauf kann Mia nachträglich sehr stolz sein?

Der erste Teil von AB 1 dient der individuellen Arbeit.

Anschließend schreibt der Lehrer folgenden Satz an die Tafel:

„Wer Entscheidungen trifft, muss auch Verantwortung übernehmen."

Nachdem der Satz den Schülern verständlich gemacht wurde, werden folgende Fragen gemeinsam besprochen:
- Ist jede Entscheidung mit Verantwortung verbunden? (Anders gefragt: Macht es einen Unterschied, ob man ein kurzärmeliges blaues oder rotes T-Shirt anzieht? ...) Die Kinder geben weitere Beispiele.
- Wo beginnt für die Kinder die Verantwortung für sich selbst? (Die Zähne ordentlich putzen, witterungsgerecht angezogen in die Pause gehen, beim Überqueren einer Straße aufpassen usw.)
- In welchen Situationen tragen die Kinder jetzt vielleicht schon Verantwortung für andere?
- Welche Arten der Entscheidungen sind also mit Verantwortung verbunden?

Zurück zu Mia:
- Mia hat am Tag, als der Tsunami kam, sehr viel Verantwortung übernommen. Welches sind die verschiedenen Etappen ihres Handelns, nachdem sie erkannte, dass ein Tsunami kommt? Für wen hat sie bei jeder der Etappen Verantwortung übernommen?
  - Weglaufen – Verantwortung gegenüber sich selbst
  - an die Eltern denken – Verantwortung gegenüber dem näheren Umfeld
  - die Menschen im Hotel warnen – Verantwortung gegenüber dem weiteren Umfeld
- Wie hätte Mia sich wohl nachträglich gefühlt, wenn sie nur an sich selbst gedacht hätte und weggelaufen wäre? Hätte sie anschließend das gleiche Lebensgefühl gehabt? Warum?
- Wie denken die Kinder über Mias Handeln?

Der zweite Teil von AB 2 dient abschließend der individuellen Arbeit.

Zweite Unterrichtsstunde

Einstieg:

Der Lehrer fragt die Schüler, ob sie gerne selbst Entscheidungen treffen.

Nun, dann könnten sie gleich damit beginnen. Dazu schließen die Kinder die Augen und stellen sich vor, die Ferien auf einer Insel im Mittelmeer zu verbringen: blaues Meer, Sonne, Strand, Berge im Innern der Insel und eine Art Dschungellandschaft auf einer Hochebene. Das Hotel mit Swimmingpool liegt ein paar Kilometer vom Meer entfernt, doch von den Zimmern aus kann man das Meer sehen.

Das Hotel bietet zwei Ausflüge im Geländewagen an:
- Der erste Ausflug führt ins Landesinnere, wo die Berge und die Pflanzen besonders schön sind, aber die Fahrt dorthin ist etwas abenteuerlich und anstrengend.
- Der zweite Ausflug ist gemütlicher, er führt am Meer entlang zu der kleinen mittelalterlichen Stadt, wo es sich im Schatten der Häuser gut herumschlendern und einkaufen lässt.

Nun dürfen die Kinder entscheiden, welchen der beiden Ausflüge sie buchen möchten. Natürlich dürfen sie auch im Hotel bleiben und keinen Ausflug machen.

Um neun Uhr geht es los. Vor dem Hotel stehen zwei offene Geländewagen mit Sonnendach. Der weiße Wagen fährt die Gäste ins wilde Innere der Insel, der gelbe Geländewagen fährt an der Küste entlang, zum kleinen Städtchen.

Nun teilt der Lehrer kleine Zettel aus, damit die Kinder ihre Wahl aufschreiben können. Damit ist der Handel besiegelt.

Verlauf:

Der Lehrer hat die Bilder des AB 2 vergrößert fotokopiert.

Nun kann der Ausflug beginnen. Zuerst erzählt der Lehrer, wie der Ausflug im weißen Jeep verläuft, und fixiert die Bilder dabei an der Tafel:
- Der weiße Geländewagen holt die Leute vor dem Hotel ab und fährt dann landeinwärts.
- Die Straße wird holprig und es erscheint ein bisschen ungemütlich. Dann führt der Weg durch eine Art Dschungel, alles ist ganz dicht bewachsen, es duftet nach allerlei Pflanzen, man hört die Rufe unbekannter Vögel.
- Dann wird der Weg noch steiniger. Der Wagen fährt ganz langsam und die Leute halten sich lachend fest, als der Geländewagen sich durch eine enge Steinschlucht arbeitet.
- Die Leute möchten eine kurze Pause machen, um sich ein wenig von den Strapazen zu erholen. Der Fahrer fährt in eine kleine schattige Schlucht, wo der Weg an Felswänden endet. Die Leute vertreten sich die Beine, schwatzen und lachen – da plötzlich geht eine kleine Steinlawine mit viel Staub und Getöse nieder und versperrt den Weg nach draußen. Die Leute sind in der Schlucht gefangen und müssen auf Hilfe warten.

Dann erzählt der Lehrer, wie der Ausflug im weißen Geländewagen verläuft und fixiert die Bilder dabei an der Tafel:
- Der gelbe Geländewagen holt die Leute vor dem Hotel ab und fährt dann in Richtung Küste.
- Doch vor ihnen verliert ein kleiner Lieferwagen seine Ladung Obstkisten. Der Fahrer schaltet den Motor ab und steigt ohne Eile aus. Die Gäste steigen auch aus und helfen beim Aufräumen der Straße.
- Nun fährt der gelbe Geländewagen langsam an der wunderschönen Meeresküste entlang.
- Am Eingang des kleinen Städtchens ist eine bekannte Eisdiele. Der Wagen hält an, damit die Leute sich ein Eis oder einen frisch gepressten Orangensaft kaufen können. Danach werden sie gemütlich durch die engen Straßen des kleinen Städtchens schlendern.

Ziel dieses kurzen Exkurses ist es, den Kindern zu zeigen, dass das Geschehen oft unwiederbringlich seinen Lauf nimmt, nachdem man eine Entscheidung getroffen hat.

Folgende Fragen werden nun kurz angesprochen:
- Wie haben die Kinder des weißen Autos sich gefühlt, als sie durch die wunderschöne Dschungellandschaft fuhren?
- Wie haben sie sich gefühlt, als die gefährliche Steinlawine niederging?
- Wie haben sie sich gefühlt, als sie hinter der Steinmauer gefangen waren?
- Haben sie sich im Laufe der Geschichte gewünscht, in dem anderen Geländewagen zu sein?
- War es möglich, im Laufe der Geschehnisse in die andere Geschichte zu wechseln?

Und weiter:
- Wie haben die Kinder im gelben Auto sich gefühlt, als der Lieferwagen vor ihnen seine Ladung verlor?
- Wie haben sie sich gefühlt, als sie dann langsam am Meer entlangfuhren?
- Wie haben sie sich bei der Eisdiele gefühlt?
- Haben die Kinder sich im Laufe der Geschichte gewünscht, in dem anderen Geländewagen oder im Hotel zu sein?
- War ihre Entscheidung rückgängig zu machen, nachdem der Ausflug begonnen hatte?

AB 3 dient der individuellen Arbeit. Der Lehrer hat die Bilder von AB 2 fotokopiert und getrennt.

Die Kinder schneiden nun die Bilder aus, kleben sie dem Verlauf der Geschichte entsprechend in die vorgesehenen Kästchen und widmen sich dann der schriftlichen Arbeit.

Diejenigen Kinder, die beschlossen hatten, keinen Ausflug zu unternehmen, malen ihren Tagesablauf im Hotel und beschreiben ihre Gefühle.

Anschließend kommt der Lehrer noch einmal auf den Ausflug mit den Geländewagen zurück:

- War es für den fiktiven Ausflug leicht, eine Entscheidung zu treffen?
- Ist es im täglichen Leben auch immer leicht, Entscheidungen zu treffen?
- Übernehmen die Kinder gerne selbst Entscheidungen oder überlassen sie das Treffen von Entscheidungen lieber den anderen? Wie ist es bei der Auswahl der Kleider, im Imbiss, bei den Hausaufgaben usw.?
- Was gefällt den Kindern besonders am Treffen eigener Entscheidungen? Respektive: Warum wünschen sie, keine Entscheidung zu treffen?
- Entscheidungen sind oft mit Verantwortung verbunden? An welche Situationen denken die Kinder?

Und weiter:

- Wie stellen die Kinder sich ihr Leben als Erwachsene in dieser Hinsicht vor? Möchten sie später viele Entscheidungen selbst treffen oder denken sie, dass sie auch als Erwachsene lieber so wenig wie möglich selbst entscheiden mögen?

AB 4 dient abschließend der individuellen Arbeit.

Der Tsunami

Ferien! Endlich Ferien!

Mia rekelte sich in der Sonne und genoss den warmen Sand und den Blick auf das blaue Meer, das sich vor ihr ausdehnte. Sie hatte sich schon lange auf diese Reise in den Süden gefreut und davon jeden Tag mit offenen Augen geträumt. Dafür hatte sie manchen Tadel von ihrem Lehrer einstecken müssen.

Nur einmal war sie hellwach geworden in der Schule. Damals hatte der Lehrer über die verschiedenen Meere auf der Erde gesprochen und darüber, wie riesengroß sie sind. Er hatte auch erzählt, wie schön ruhig und glatt das Meer sein kann und wie es sich verändert, wenn ein Sturm tobt. Er hatte die haushohen Wellen beschrieben, die Gefahr, die sie darstellen, und hatte dann auch von einer ganz außergewöhnlich hohen, langen und sehr schnellen Welle geredet, die alles zerstört, was ihr in den Weg kommt.

Mia hatte damals aufmerksam zugehört und versuchte nun, sich an den Namen dieser speziellen Welle zu erinnern. Wie hieß sie doch gleich? Aber die Schule war weit weg und sie wollte nicht mehr wirklich daran zurückdenken.

Mia schloss die Augen und döste in der warmen Sonne vor sich hin. Ihre Eltern hatten heute einen Ausflug in das Hinterland unternommen und sie war auf ihren Wunsch hin allein zurückgeblieben. Sie wollte nicht einen ganzen Tag im Auto oder in einem Bus verbringen, sondern lieber am Strand liegen.

Tsunami! Das Wort war ihr wieder eingefallen. Mia öffnete die Augen und schaute schläfrig auf den Strand vor ihren Füßen. Es war ein schöner, breiter Strand. Er schien ihr sogar jetzt breiter zu sein als vorhin. Mia öffnete die Augen ganz. Jawohl, der Strand war breiter geworden. Er wurde sogar von Sekunde zu Sekunde noch breiter. Das Meer hatte begonnen, sich zurückzuziehen. Komisch, dachte Mia, das hat es doch gestern und vorgestern nicht getan. Das war wirklich seltsam! Sie richtete sich auf. Vor ihren inneren Augen sah sie plötzlich ihren Lehrer. Er bewegte den Mund und sie versuchte, seine Worte zu verstehen. Was sagte er gerade? Hatte er eben „Welle“ gesagt?

Mia sprang auf. Sie war leichenblass. Ein Tsunami, schoss es ihr durch den Kopf. Ein Tsunami!

Mia drehte sich um und rannte, weg vom Meer, weg vom Strand, auf ihr Hotel zu. Sie rannte um ihr Leben. Doch das Hotel war nicht hoch genug, es hatte nur zwei Stockwerke, der Tsunami würde es wegspülen. Das Hotel war kein guter Schutz, sie musste den Berg hinauflaufen, so hoch sie konnte, so schnell sie konnte. Ihre Eltern waren nicht im Hotel, sie brauchte sie also nicht zu warnen.

Mia rannte über die Straße, die am Hotel vorbeiführte. Bald würde sie in Sicherheit sein! Aus den Augenwinkeln sah sie die Menschen auf den Stühlen auf der Terrasse ihres Hotels, sie sah Menschen ins Hotel hineingehen, sie sah Menschen auf den Balkonen des Hotels. Sie lachten, sonnten sich, redeten miteinander, lasen Zeitungen und Bücher. Sie genossen die Ferien, sie genossen ihr Leben.

Ihr Leben? Mia blieb stehen. Bald würden sie alle tot sein, elendiglich ertrunken.

Sie warf einen Blick zurück. Das Meer hatte sich jetzt wirklich weit zurückgezogen, so als würde es einen Anlauf nehmen, um dann mit tödlicher Gewalt zurückzustürmen.

Mia änderte ihre Richtung und lief laut rufend auf das Hotel zu: „Ein Tsunami! Ein Tsunami kommt! Lauft weg! Rettet euch!"

Einige Leute drehten sich zu ihr um, eine ältere Frau auf der Terrasse schaute Mia an und lachte dumm. Dann flog die Tür auf und ein Kellner kam herausgelaufen. Er blickte zum Meer. Auch er begann nun zu rufen: „Lauft weg, lauft den Berg hinauf! Das Meer kommt! Lauft!"

Mia hatte getan, was sie konnte. Sie machte kehrt und rannte weiter, die Straße zum Berg hinauf. Sie schaute sich nicht mehr um, aber sie hörte, dass die Menschen aus dem Hotel ihr folgten.

AB 1	**Der Tsunami**	Name: ______ Datum: ______

Was ist ein Tsunami?

Woran erkennt Mia, dass ein Tsunami kommt?

Was ist Mias erste Reaktion?

An wen denkt sie anschließend?

Wann beschließt sie, die Menschen im Hotel zu warnen?

Hat sie viel Zeit, die Menschen im Hotel zu warnen? Warum warnt sie die Menschen trotzdem?

Worauf kann Mia nachträglich sehr stolz sein?

Für wen hat Mia Verantwortung übernommen …?

… als sie vor dem Tsunami weglief:	… als sie an ihre Eltern dachte:	… als sie die Menschen im Hotel warnte:

Wie denkst du über Mias Handeln?

AB 2

Der weiße und der gelbe Geländewagen

Name: ______________________

Datum: ______________

AB 3

Name:

Datum:

Schreibe, mit welchem Wagen du mitgefahren bist.

Wie hättest du dich in den verschiedenen Situationen gefühlt?

Warum hast du dich für diesen Ausflug entschieden?

Hättest du dir unterwegs gewünscht, eine andere Entscheidung getroffen zu haben?

AB 4

So bin ich

Name: ____________________

Datum: ______________

Kreuze an, was zutrifft.

Morgens:
- ☐ Ich freue mich, wenn ich meine Kleider selbst auswählen darf.
- ☐ Ich überlasse das lieber meinen Eltern, die wissen besser, wie das Wetter wird.

Im Imbiss oder im Restaurant:
- ☐ Ich genieße es, selbst auszuwählen.
- ☐ Ich weiß oft nicht, was ich wählen soll.

Bei den Hausaufgaben:
- ☐ Ich entscheide selbst, welche Hausaufgaben ich als erste mache, und weiß, mich einzuteilen.
- ☐ Ohne Hilfe fühle ich mich ziemlich verloren.

Im täglichen Leben:
- ☐ Ich treffe gerne selbst Entscheidungen.
- ☐ Ich überlasse das Entscheiden lieber den anderen und passe mich an.

Deshalb gefällt es mir, eigene Entscheidungen zu treffen:

____

____

____

____

Deshalb mag ich nicht so gerne selbst entscheiden:

____

____

____

____

Entscheidungen treffen ist oft mit Verantwortung verbunden. Dazu denke ich:

____

____

____

____

So stelle ich mir mein Leben als Erwachsener vor:

(Möchtest du als Erwachsener viele Entscheidungen selbst treffen oder möchtest du lieber so wenig wie möglich selbst entscheiden?)

____

____

____

____

Unterrichtseinheit 3: Ein Arzt

Unterrichtsplanung und -vorbereitung

Unterrichtsziel:

Manche Menschen, die in der glücklichen Lage sind, ihren Beruf in aller Freiheit aussuchen zu können, entscheiden sich für eine Tätigkeit, die mit großer, stetig präsenter Verantwortung verbunden ist. Die in dieser Unterrichtseinheit verwendete kurze Geschichte illustriert dies anhand eines Arbeitsalltags eines realen, aktuell praktizierenden Herzchirurgen. Sie zeigt auch die Einsamkeit der Verantwortung auf. Der Text ist so verfasst, dass er auch junge Schüler nicht schockieren kann.

Zeitrahmen:

1 Unterrichtsstunde

Hilfsmittel:

Vorbereitete Kopiervorlagen:
- Lesetext: Ein Arzt
- Arbeitsblatt AB 1: Ein Arzt
- Arbeitsblatt AB 2: Persönlicher Einsatz

Weiteres Material:

–

Unterrichtsstunde

Einstieg:

Der Lehrer liest den Lesetext „Ein Arzt“ vor.

Verlauf:

Nachdem der Text kurz auf das allgemeine Verständnis geprüft wurde, werden folgende Fragen gemeinsam besprochen:
- Welche Operation musste der Arzt an jenem Morgen durchführen?
- Wie lange dauerte die Operation?
- Warum beschloss der Arzt, noch länger in der Klinik zu bleiben?
- Im Text steht: „Der Mann war noch nicht aufgewacht, sein Atem ging ruhig und regelmäßig und die Instrumente zeigten, dass alles in Ordnung war.“ Hätte der Arzt guten Gewissens nach Hause gehen können?
- Warum hat ein Mensch zwischen zwei Arbeitsschichten frei?
- Warum wohl geht der Arzt auch dann noch nicht nach Hause, als der Mann die Augen geöffnet hat und alles in Ordnung ist?
- Wer ruft den Arzt um sieben Uhr an?
- Was hatte der Arzt vergessen? Wie alt wurde er?
- Warum war er Herzchirurg geworden?
- Was geschieht, als der Arzt schließlich um elf Uhr abends beschließt, nach Hause zu fahren?
- Wie reagiert der Arzt dann? Was beschließt er zu tun?

Und weiterführend:
- Auf was alles hat der Arzt verzichtet zugunsten des alten Mannes? (Freizeit, eigene Geburtstagsfeier, Freunde usw.)

- Wie denken die Kinder über den Arzt? Welche Gefühle weckt er in ihnen? (Achtung, Bewunderung, Vertrauen, Staunen usw.)

AB 1 dient der individuellen Arbeit.

Anschließend leitet der Lehrer das Unterrichtsgespräch auf folgende Punkte:
- Der Arzt hat einen Beruf mit viel Verantwortung ausgesucht. Was bedeutet das Wort „Verantwortung"? Der Begriff wird an der Tafel festgehalten.
- Hatte es in der Geschichte einen Sinn, über die eigentliche Verantwortung hinauszugehen? Wieso war das so?
- Denkst du, dass es immer gleich ein Resultat bringt, wenn jemand über das allgemein angenommene Soll hinausgeht?
- Wenn ein Mensch mehr von sich selbst verlangt, als er es eigentlich müsste, tut er das immer, weil er die Anerkennung der anderen Menschen gewinnen möchte? Denke an die Geschichte: Waren die Frau und die Freunde des Arztes erfreut, ihn nicht bei seiner eigenen Geburtstagsfeier zu sehen?
- Kannst du dir vorstellen, dass ein Mensch es auch manchmal schwer bei seinen Kollegen oder der Familie haben kann, wenn er so ist wie der Arzt in der Geschichte, mehr macht, als er tun muss?
- Ist es immer leicht, aus der Masse herauszutreten? Wie denken die Kinder darüber?
- Kannst du dir vorstellen, dass es einem Menschen eine Art Freude oder Genugtuung bereitet, über das erwartete Maß hinauszugehen? An welche Bereiche denken die Kinder? (Sport, Kunst, Handwerk usw.)

Und in die Welt der Kinder zurückkommend:
- Gibt es einen Bereich, wo auch die Kinder sich mehr abverlangen, als nötig ist? Tun sie es in diesem Fall, weil sie es selbst so wollen, oder möchten sie anderen Menschen damit gefallen, sie beeindrucken?

AB 2 dient abschließend der individuellen Arbeit.

Ein Arzt

Um halb sieben war Schichtwechsel gewesen und pünktlich um sieben Uhr frühmorgens begann er zu operieren: der Arzt. Zwei weitere Ärzte halfen ihm bei der Operation, ebenso vier Krankenpflegerinnen und zwei Krankenpfleger. Auch ein Medizinstudent war anwesend, der zuschaute, Handlangerdienste leistete und sich Mühe gab, so viel wie möglich hinzuzulernen.

Es handelte sich um eine schwierige Operation am Herzen eines Mannes von einundachtzig Jahren. Sie dauerte mehr als sieben Stunden. Dann hoben die Krankenpfleger den alten Mann in sein Bett auf Rädern und schoben ihn in einen speziellen Raum, in dem er langsam wieder aufwachen sollte.

Einer der Ärzte schaute auf die Uhr. Viertel nach zwei nachmittags. Müde, aber zufrieden, dass alles gut gelaufen war, wusch man sich und freute sich auf den freien Nachmittag. Um vierzehn Uhr dreißig war Schichtwechsel. Alle gingen nach Hause. Alle, außer einem: Der Arzt, der die Operation durchgeführt hatte, zog sich in das Ärztezimmer zurück: „Ich bleibe noch eine Stunde, für den Fall, dass es doch noch Komplikationen geben sollte." Er blieb nicht eine Stunde, er blieb viel länger.

Er sah aus wie ein ganz gewöhnlicher Mensch. Er war von durchschnittlicher Größe, weder dick noch schlank, und wer ihm auf der Straße begegnet wäre, hätte ihn nicht weiter beachtet. Es sei denn, er hätte seinen Blick, seine Augen gesehen. Es waren die Augen eines hochintelligenten, wissenden Menschen. An seinem Blick war nichts gewöhnlich.

Er hatte lange im Ärztezimmer auf einem Stuhl am Tisch gesessen und in einem Fachbuch gelesen, war aufgestanden, hatte am Fenster gestanden, war in den Raum mit dem alten Mann in seinem Bett gegangen. Der Mann war noch nicht aufgewacht, sein Atem ging ruhig und regelmäßig und die Instrumente zeigten, dass alles in Ordnung war. Der Arzt hätte guten Gewissens nach Hause gehen können. Stattdessen ging er wieder ins Ärztezimmer, für den Fall, dass es doch noch Komplikationen geben würde.

Gegen achtzehn Uhr schaute eine Krankenpflegerin herein. Sie war erstaunt, dass der Arzt noch da war. „Sie haben morgen ab sieben Uhr eine Operation auf Ihrem Plan stehen. Gehen Sie nicht nach Hause, um sich ein bisschen auszuruhen?" Er sagte, er wolle noch eine kleine Stunde bleiben.

Um neunzehn Uhr klingelte sein Telefon. „Wann kommst du nach Hause? Du weißt, dass wir Gäste für halb acht eingeladen haben. Und du brauchst vierzig Minuten für den Heimweg. Wir wollten doch deinen Geburtstag feiern." – „Ich komme bald, so schnell ich kann. Fangt schon mal ohne mich an!" Er hatte seinen Geburtstag glatt vergessen. Siebenundfünfzig Jahre war er nun schon alt.

Er dachte an seine Studienzeit an der Universität zurück. Hausarzt hatte er werden wollen. Dann hatte er seine Leidenschaft für die Chirurgie entdeckt und sich auf die Herzchirurgie spezialisiert. Er ging wieder zu dem alten Mann hinüber. Der hatte nun die Augen geöffnet. Der Atem ging ruhig, alles war in Ordnung. Der Chirurg hätte nach Hause gehen können. Eine Viertelstunde wollte er aber noch bleiben.

Gegen einundzwanzig Uhr klingelte das Telefon wieder. Es waren seine Freunde, die zu Hause auf ihn warteten. Sie redeten alle zusammen in den Apparat hinein, sagten ihm ihre Glückwünsche und dass sie auf ihn warteten. Im Hintergrund sang eine Frau, die offenbar schon kräftig gefeiert hatte: „Alles Gute zum Geburtstag, lieber …" Der Rest ging in lauten Rufen unter.

Um dreiundzwanzig Uhr beschloss er, nach Hause zu fahren. Er würde ein kleines Glas mit seinen Gästen trinken und dann sofort schlafen gehen. Am nächsten Tag musste er spätestens um halb sechs aufstehen. Er stand von seinem Stuhl auf und griff nach seiner Weste.

Die Tür flog auf. „Doktor, kommen Sie schnell, der alte Mann …!" Die Krankenpflegerin lief schon wieder hinaus zu dem Saal, in dem sich der Patient befand. Der Chirurg eilte ihr nach. Ein Blick auf den Mann und die Instrumente genügte.

„Wir operieren sofort. Macht den Operationssaal bereit! Ruft zwei weitere Ärzte hinzu! Wer hat denn eigentlich jetzt Dienst? Krankenpfleger brauche ich, sofort! Auch Krankenpflegerinnen, los, los!"

Er lief in das Zimmer, das an den Operationssaal grenzte und wusch sich die Hände bis an die Ellbogen. Eine Krankenschwester hielt ihm den grünen Arztkittel hin, eine andere strickte ihm den Kittel auf dem Rücken zu, eine dritte stülpte ihm die Gummihandschuhe über. Jemand hielt ihm die Tür auf und er betrat entschlossen den Operationssaal.

Er würde kämpfen und sein Bestes geben. Er würde dem alten Mann noch ein paar Jahre Leben schenken. Wie ein Gott.

AB 1	**Ein Arzt**	Name: ______ Datum: ______

Führte der Arzt an jenem Tag eine einfache Operation durch? Welche Operation war es und wie lange dauerte sie?

___

___

Warum bleibt der Arzt so lange nach der Operation in der Klinik?

___

___

Worauf verzichtet der Arzt, als er beschließt, in der Klinik zu bleiben, obschon seine Schicht längst beendet ist?

Am Nachmittag: ___

Am Abend: ___

Hätte der Arzt normalerweise in der Klinik bleiben müssen?

___

Warum hat ein Mensch zwischen zwei Arbeitsschichten frei?

___

Was geschieht, als der Arzt um elf Uhr beschließt, nach Hause zu fahren?

___

___

Wie reagiert der Arzt?

___

___

Wie denkst du über den Arzt?

___

___

Mit welchen Gefühlen betrachtest du das Handeln des Arztes?

___

___

Warum denkst und fühlst du so?

___

___

___

AB 2	**Persönlicher Einsatz**	Name: ______ Datum: ______

Das Wort „Verantwortung“ bedeutet:

Hatte es in der Geschichte „Ein Arzt“ einen Sinn, über die eigentliche Verantwortung hinauszugehen? Wieso war das so?

Denkst du, dass es immer ein Resultat bringt, wenn jemand mehr tut, als er tun muss? Warum denkst du so?

In welchen Bereichen möchten die Menschen normalerweise über sich hinauswachsen?

Wenn ein Mensch mehr von sich selbst verlangt, als er muss, tut er das immer wegen der Anerkennung der anderen Menschen?

Verlangst du manchmal mehr von dir, als nötig ist? Tust du das in diesem Fall, weil du es willst oder um anderen Menschen zu gefallen? Erzähle, wenn du möchtest.

Unterrichtseinheit 4: Mein Leben, meins!

Unterrichtsplanung und -vorbereitung

Unterrichtsziel:

Selbstbestimmung und Verantwortung-übernehmen will schrittweise gelernt werden. Auch Kinder können schon einen Teil Verantwortung übernehmen, vor allem für sich selbst. An diese Gedankengänge will diese Unterrichtseinheit die Kinder heranführen.

Zeitrahmen:

2 Unterrichtsstunden

Hilfsmittel:

Vorbereitete Kopiervorlagen:
- Arbeitsblatt AB 1: Mein Tagesablauf in der Schule
- Arbeitsblatt AB 2: Nach der Schule
- Arbeitsblatt AB 3: Allein auf einer Insel
- Arbeitsblatt AB 4: Verantwortung übernehmen

Weiteres Material:
–

Erste Unterrichtsstunde

Einstieg:

Wochentag und Datum werden an die Tafel geschrieben.
Dann nehmen die Kinder ihren Stundenplan zur Hand und situieren die gegenwärtige Unterrichtsstunde im Stundenplan.

Verlauf:

Folgende Punkte in Bezug auf den Stundenplan werden anschließend gemeinsam besprochen:
- Zu welchen Zeitpunkten ist festgelegt, was die Kinder tun sollen?
- Wann sind Pausen, kleine Momente der Freizeit?
- Wie denken und fühlen die Kinder über diese freien Momente? Was ist ihnen wichtig in diesen Momenten?

AB 1 dient der individuellen Arbeit.

Zum zweiten Teil der Unterrichtsstunde erzählen die Kinder, was sie nach der Schule erledigen müssen. (Beispiele: Hausaufgaben machen, ihr Zimmer aufräumen, im Haushalt helfen usw.)

Anschließend bringt der Lehrer das Gespräch auf die Freizeit der Kinder:
- Was machen die Kinder besonders gerne in ihrer Freizeit?
- Wie fühlen sie sich, wenn sie das machen können, was sie möchten, also selbstbestimmte Freizeit erleben dürfen?

AB 2 dient abschließend der individuellen Arbeit.

Zweite Unterrichtsstunde

Einstieg:

Der Lehrer liest den Lesetext „Allein auf einer Insel“ (AB 3) vor.

Verlauf:

Nachdem der Text kurz auf das Verständnis geprüft wurde, werden folgende Fragen gemeinsam besprochen:
- Was würden die Kinder spontan auf der Insel tun?
- Wie würden sie sich dabei fühlen?

AB 3 dient der individuellen Arbeit.

Anschließend stellen die Kinder sich vor, bereits zwei Tage auf der Insel verbracht zu haben. Folgende Fragen werden gemeinsam besprochen:
- Hätten sie beispielsweise die Zähne geputzt, sich einigermaßen vielseitig ernährt?
- Gibt es demnach etwas, was man auch dann tun sollte, wenn man genau das machen darf, was man möchte? Warum sind diese Tätigkeiten wichtig?
- Gegenüber wem tragen die Kinder also jetzt schon eine Verantwortung?

Die Bedeutung des Wortes „Verantwortung“ wird gemeinsam erarbeitet und schriftlich festgehalten.

Dann werden folgende Punkte gemeinsam besprochen:
- Welche Arten der Verantwortung gegenüber sich selbst dürfen die Kinder jetzt schon übernehmen?
- Möchten sie vielleicht schon mehr über sich selbst entscheiden dürfen?
- Oder aber: Möchten sie vielleicht weniger Verantwortung tragen?
- Wie denken die Kinder über das Heranwachsen zu größerer Verantwortung – genießen sie es oder würden sie sich eine langsamere Gangart wünschen?

AB 4 dient abschließend der individuellen Arbeit.

AB 1	Mein Tagesablauf in der Schule	Name: ______ Datum: ______

Heute ist ____________, ______________________

Heute sieht mein Tag in der Schule so aus:	Hier darfst du etwas von deinem Schultag malen.

Das gefällt mir an meinem Schultag:

Das gefällt mir nicht:

In meinen freien Momenten in der Schule mache ich Folgendes:

Das gefällt mir an meinen freien Momenten:

Das gefällt mir nicht:

AB 2	Nach der Schule	Name: ____________ Datum: ____________

Heute ist ____________, ______________________

Heute ist meine Zeit nach der Schule:
(angenehm, spannend, teils … teils …, langweilig, traurig, voller Arbeit und Pflichten, schön, …)

____

____

Das sind meine Pflichten:	Das werde ich in meiner freien Zeit machen:
____________	____________
____________	____________
____________	____________
____________	____________
____________	____________
____________	____________

So fühle ich mich, wenn ich selbst bestimme, was ich tun möchte:

____

____

____

Ganz besonders genieße ich:

____

____

Hier darfst du etwas zum Thema malen:

AB 3

Allein auf einer Insel

Name: ____________________

Datum: ________________

Du darfst, zusammen mit ein paar Freunden, drei Tage auf einer kleinen Insel verbringen.

Die Insel ist durch eine Brücke mit dem Festland verbunden, sodass deine Eltern dich jederzeit abholen können, wenn es dir nicht gefällt.

Jeder von euch hat ein eigenes Zimmer, es ist fast wie im Hotel.

Es gibt ein tolles Erlebnisschwimmbad, eine kleine Ponyreitschule, einen Laden, zwei Fernsehräume, eine Bibliothek und eine große Auswahl an Gesellschaftsspielen.

Drei Tage lang darfst du ganz allein bestimmen, was du tun möchtest. Du kannst etwas mit den anderen Kindern zusammen unternehmen, du darfst aber auch ganz allein sein.

Natürlich hast du, so wie die anderen Kinder auch, ein großzügiges Taschengeld erhalten.

Hier darfst du ein Stück der Insel malen.

Das würde ich während der drei Tage tun:

____

____

____

____

____

____

So würde ich mich dabei fühlen:

____

AB 4

Verantwortung übernehmen

Name: ______________________

Datum: ______________

Das Wort „Verantwortung“ bedeutet:

Verantwortung übernimmt ein Erwachsener für sich selbst.
Oft übernimmt ein Erwachsener auch Verantwortung für andere. An wen denkst du spontan?

Auch Kinder können Verantwortung für sich selbst tragen.
Welche Arten der Verantwortung für dich selbst darfst du jetzt schon übernehmen?

Würdest du gerne mehr Verantwortung für dich übernehmen? Was möchtest du in diesem Fall tun?

Würdest du vielleicht weniger Verantwortung für dich tragen wollen? Warum?

Je erwachsener du wirst, desto mehr Verantwortung darfst du übernehmen. Wie denkst du darüber?

Unterrichtseinheit 5: Mein Vater, der Bürgermeister

Unterrichtsplanung und -vorbereitung

Unterrichtsziel:

Wer sich nicht selbst respektiert, wird auch von anderen nicht respektiert.

Jeder Mensch ist frei, darüber zu entscheiden, welche Haltung er gegenüber sich selbst einnehmen will, er trägt dafür auch selbst die Verantwortung.

Die Kurzgeschichte von Eva und ihrem Vater, dem Bürgermeister, will dieses Thema veranschaulichen. Selbstverständlich sind die Personen und die Begebenheiten frei erfunden und haben überhaupt keinen Bezug zu vergangenem und aktuellem Geschehen, wie wir es jeden Tag beobachten können.

Zeitrahmen:

2 Unterrichtsstunden

Hilfsmittel:

Vorbereitete Kopiervorlagen:
- Lesetext: Mein Vater, der Bürgermeister
- Arbeitsblatt AB 1: Eva und ihr Vater, der Bürgermeister
- Arbeitsblatt AB 2: Selbstachtung und Achtung der anderen
- Arbeitsblatt AB 3: Alex
- Arbeitsblatt AB 4: Mut

Weiteres Material:

–

Erste Unterrichtsstunde

Einstieg:

Der Lehrer liest den Lesetext „Mein Vater, der Bürgermeister“ vor.

Verlauf:

Nachdem der Text kurz auf das Verständnis geprüft wurde, werden gemeinsam Antworten auf folgende Fragen gesucht:
- Bei welchem Problem fragt Evas Vater seine Tochter um Rat?
- Was meint Evas Vater mit dem Satz „Sie (die Erwachsenen) sehen die Dinge nicht mehr so klar.“? Was trübt den klaren Blick vieler Erwachsener?
- Warum nennt man einen Bürgermeister oder einen Abgeordneten auch Volksvertreter?
- Was will in diesem Fall das Volk?
- Warum möchten die Leute im Dorf nicht, dass die Halle gebaut wird?
- Warum macht der Bürgermeister sich dennoch Gedanken über die Entscheidung, die er treffen muss? An wen denkt er neben den Dorfbewohnern?
- Warum fragt er in diesem Fall seine Tochter nach ihrer Meinung?
- Wie lautet Evas Meinung?
- Hätte Evas Vater als Bürgermeister richtig gehandelt, wenn er das Angebot der Firma angenommen hätte? Was wäre falsch gewesen?

- Wird es leicht für Evas Vater sein, diesen mächtigen Leuten Nein zu sagen?
- Welche Entscheidung fordert also den größeren Mut?
- Auf welche Eigenschaften ihres Vaters wird Eva stolz sein?

AB 1 dient der individuellen Arbeit.

Anschließend bringt der Lehrer das Unterrichtsgespräch mit folgenden Fragen auf das Thema der Selbstachtung und der persönlichen Integrität:
- Warum beschließt der Bürgermeister, den Bau des großen Gebäudes nicht zu genehmigen?
- Wie hätte seine Tochter über ihn gedacht, wenn er sich hätte „kaufen" lassen?
- Evas Vater sagt: „Ich versuche, ein ehrlicher Mensch zu sein." Wie hätte er wohl über sich selbst gedacht, wenn er sich hätte „kaufen" lassen? Wäre sein Leben das gleiche geblieben?
- Wie hätten die Dorfbewohner wohl über ihn gedacht?
- Wie hätten sie, die Kinder, über den Mann gedacht?

Die Begriffe „Selbstachtung" und „Achtung der anderen" werden gemeinsam erarbeitet.

AB 2 dient abschließend der individuellen Arbeit.

Zweite Unterrichtsstunde

Einstieg:

Der Lehrer liest den ersten Teil des Lesetextes „Alex" (AB 3) vor.

Verlauf:

Nachdem der Text kurz auf das allgemeine Verständnis geprüft wurde, überlegen die Kinder, wie sie sich in dieser Situation verhalten hätten, und schreiben ihre Gedanken nieder (AB 3).

Anschließend liest der Lehrer den zweiten Teil der Geschichte vor:

Und so geht die Geschichte weiter:

Plötzlich, die Sache war schon fast ausgestanden, die Klasse würde zur Strafe nicht ins Schwimmbad fahren, streckte Alex den Finger aus.

„Ja, Alex?", sagte der Lehrer. „Hast du uns noch etwas zu sagen?"

„Ich war es, ich habe die Scheibe zerbrochen." Alex schluckte. „Bevor ich in die Klasse kam, schwang ich meinen Schulsack einmal im Kreis und – und ja, so kam es."

Stille. „Ich werde die Scheibe von meinem Taschengeld bezahlen. Wenn sie möchten, wird mein Vater die Scheibe ersetzen, er ist sehr geschickt in solchen Dingen."

Der Lehrer sah Alex einen Augenblick lang an. Man konnte so etwas wie Anerkennung und Respekt in seinen Augen lesen. Dann sagte er: „Gut, Alex, wir werden sehen."

Folgende Punkte werden gemeinsam besprochen:
- Warum hat Alex sich gemeldet?
- Erforderte es Mut, sich zu melden?
- Warum hat Alex sich erst so spät gemeldet?
- Warum konnte man Anerkennung und Respekt in den Augen des Lehrers lesen?
- Wie hätte Alex sich wohl gefühlt, wenn Felix und der Rest der Klasse den Ärger des Lehrers ausgetragen hätten?
- Wie fühlte er sich vermutlich, nachdem er sich gemeldet hatte?
- Wie reagierten die anderen Kinder wohl?

AB 4 dient abschließend der individuellen Arbeit.

Mein Vater, der Bürgermeister

„Eva, ich muss mit dir reden. Ich brauche deinen Rat."

Herr Klain schaute seine Tochter nachdenklich an. „Komm, setzen wir uns!"

„Du gehst ja jetzt schon in die vierte Klasse. Außerdem bist du ein sehr gescheites Mädchen."

Herr Klain hielt inne und überlegte.

„Weißt du", fuhr er dann fort, „erwachsene Menschen können meistens nicht mehr so ..." Er suchte nach Worten. „So sauber, so ehrlich, so unverdorben denken wie Kinder in deinem Alter. Sie sehen die Dinge nicht mehr so klar, so unschuldig wie Kinder. Erwachsene denken immer auch noch an andere Dinge, wenn sie eine Entscheidung treffen müssen. Deshalb wissen sie manchmal nicht mehr, was eigentlich richtig und was falsch ist."

„Bist du verdorben?"

„Manchmal weiß ich es nicht mehr. Ich versuche, ein ehrlicher Mensch zu sein."

„Ok, Vater, und jetzt brauchst du mich, um dir beim Denken zu helfen."

„Richtig, Eva, jetzt brauch ich dich. Die Sache ist die:

Eine neue Firma hat sich in unserer Ortschaft niedergelassen. Das ist gut für uns alle. Aber diese Firma will jetzt ein Gebäude errichten, das eigentlich viel zu groß ist und gar nicht in diese Gegend hineinpasst, in die sie es bauen wollen. Außerdem werden die Arbeiten fast zwei Jahre dauern und eine große Belästigung für die Leute sein, die dort wohnen. Jeder sagt, man sollte so etwas nicht zulassen. Aber ich, als Bürgermeister, muss nun die letzte Entscheidung treffen. Ich muss morgen entscheiden, ob dieser Klotz gebaut werden darf oder nicht."

„Dürfen die denn so ein Unding an dieser Stelle errichten?"

„Ja, leider, sie dürfen. Das Gesetz erlaubt es. Aber entscheiden muss letzten Endes ich als Bürgermeister. Ich muss dafür sorgen, dass alle Leute zufrieden sind, nicht nur diejenigen von der Firma."

„Was wirst du tun?"

„Evachen, ich weiß es eben nicht. Ich habe dir nämlich noch nicht alles erzählt. Weißt du, diese Leute haben auch viel Geld. Und in Spanien haben sie ein großes, sehr schönes Haus. Wenn ich nun erlaube, dass dieses grässliche Ding gebaut werden darf, dann können wir so oft wir wollen in diesem Haus unsere Ferien verbringen. Sie haben auch eine Tochter in deinem Alter. Mit der könntest du auch viel unternehmen, beispielsweise hier bei diesen Leuten zu Hause in ihrem privaten Schwimmbad schwimmen gehen. Du würdest bestimmt auch Geschenke von ihnen erhalten."

„Würdest du und Mama auch Geschenke von ihnen bekommen?“

Harr Klain antwortete nicht.

„Papa?“

„Eva, ich denke an uns alle, auch an dich. Es würde uns allen besser gehen, wenn ich Ja sagen würde zu diesem Bau.“

Eva saß ganz ruhig da. Dann sprang sie auf und öffnete die Tür, die zu der Wiese mit dem Teich hinter dem Haus führte.

„Ich komme bald wieder. Ich muss nachdenken.“ Dann war sie weg.

Als sie wieder ins Wohnzimmer trat, saß ihr Vater noch immer in demselben Sessel. Er schaute sie erwartungsvoll an.

„Papa, hast du schon mit Mama darüber geredet?“

„Ja, aber sie hat mir nicht geantwortet.“

„Papa?“

„Ja, Eva?“

„Papa, wir haben eine Wiese mit Hecken und kleinen Bäumen und einem Teich mit Fischen drin, mit Kröten im Frühling, mit Libellen und Muscheln und Fröschen. Auf der Wiese leben Tausende Insekten, Schmetterlinge fliegen umher und überall sind Vögel, die singen. Das ist viel schöner als ein Schwimmbad. Ich würde nicht dorthin gehen.“

Eva machte eine Pause.

„Papa?“

„Da ist noch etwas. Wenn du Ja sagst zu dem Bau, dann verkaufst du dich ja eigentlich selbst. Gibt es nicht einen Namen für Menschen, die sich selbst verkaufen?“

Herr Klain schaute auf den Boden, als suchte er dort etwas.

„Papa?“

„Ja, Eva?“

„Papa, ich will nicht frech sein, aber du sollst wissen, dass ich einen Vater haben will, auf den ich stolz sein kann, nicht einen, der sich kaufen lässt.“

Herr Klain, der bis jetzt noch immer auf den Boden gestarrt hatte, blickte nun auf und sah seiner Tochter in die Augen. Der nachdenkliche Ausdruck war aus seinem Gesicht gewichen.

„Eva?“

„Ja, Papa?“

„Eva, und mir ist es wichtiger, dass meine Tochter eine gute Meinung von mir hat, als unsere Ferien in einem Haus in Spanien zu verbringen.“

„Was wirst du tun, Papa?“

Der Bürgermeister blickte dem kleinen Mädchen in die Augen.

„Ich werde Nein sagen. Der Klotz wird nicht gebaut!“

AB 1	Eva und ihr Vater, der Bürgermeister	Name: ______ Datum: ______

Bei welchem Problem fragt Evas Vater seine Tochter um Rat?

Wünschen die Leute im Dorf den Bau dieser großen Halle? Warum nicht?

Wen soll ein Bürgermeister in seinem Amt vertreten?

Warum macht der Bürgermeister sich dennoch Gedanken, ob das große Gebäude gebaut werden soll?

Was verwirrt sein Denken?

Wie lautet Evas Meinung?

Hätte Evas Vater als Bürgermeister richtig gehandelt, wenn er das Angebot der Firma angenommen hätte? Was wäre falsch gewesen?

Warum sagt Eva, sie möchte einen Vater haben, auf den sie stolz sein kann? Auf welche Eigenschaften ihres Vaters wird Eva stolz sein?

AB 2

Selbstachtung und Achtung der anderen

Name: ____________________

Datum: ____________________

Was bedeuten die Begriffe „Selbstachtung" oder „Achtung vor sich selbst"?

Bedeutet es, die Achtung seiner Mitmenschen zu haben?

Warum beschließt der Bürgermeister, das große Gebäude nicht zu genehmigen?

Wie hätte seine Tochter über ihn gedacht, wenn er sich hätte „kaufen" lassen?

Evas Vater sagt: „Ich versuche, ein ehrlicher Mensch zu sein." Wie hätte er wohl selbst über sich gedacht, wenn er sich hätte „kaufen" lassen?

Wie hätten die Dorfbewohner wohl über ihren Bürgermeister gedacht? Hätte der Mann noch die gleiche Achtung der Dorfbewohner genossen?

Wie hättest du über den Mann gedacht? Warum hättest du so gedacht?

AB 3

Alex

Name: ______________________

Datum: ______________________

Alex saß ganz still und in sich gekehrt auf dem Stuhl. Der Lehrer war wütend. Er sah seine eigene Ehre auf dem Spiel. Ein Kind seiner Klasse hatte die Scheibe des kleinen Fensters, das sich neben der Tür zum Klassenzimmer befindet, zerbrochen.

Dass es ein Kind aus der Klasse war, das war anzunehmen. Niemand anders kam in diesen Teil des Flures. Der Lehrer wurde immer wütender. Man erkannte es daran, dass seine Gesichtshaut sich rötete.

Der Verdacht richtete sich allgemein auf Felix, das Energiebündel der Klasse. Die Fragen des Lehrers gingen ganz klar in diese Richtung. Felix war um halb neun zur Toilette gegangen und vor Schulbeginn war die Scheibe noch ganz gewesen.

Alex wusste, wie es geschehen war. Ja, Alex hatte den Schulsack durch die Luft wirbeln lassen. Niemand hatte es gesehen, denn Alex hatte das Klassenzimmer nach den anderen betreten.

Nun saß Alex auf dem Stuhl und rang mit sich selbst: Den Finger ausstrecken und sich melden oder den Verdacht auf Felix ruhen lassen. Ohnehin konnte niemand Felix beweisen, dass er die Scheibe zerbrochen hatte. Doch die ganze Klasse würde den Groll des Lehrers spüren und Felix hatte diesmal wirklich keine Schuld.

Was würdest du in dieser Situation tun? Warum?

____

____

____

____

Und so geht die Geschichte weiter:
Schreibe auf.

____

____

____

____

AB 4	**Mut**	Name: ______________ Datum: __________

Warum hat Alex sich schließlich doch gemeldet?

Erforderte es Mut, sich zu melden? Warum denkst du so?

Wie fühlt Alex sich nun?

Warum konnte man Anerkennung und Respekt in den Augen des Lehrers lesen?

Wie hätte Alex sich vermutlich gefühlt, wenn Felix und der Rest der Klasse den Ärger des Lehrers ausgetragen hätten?

Wie denkst du über Alex? Warum denkst du so?

Male das Gesicht von Alex und das Gesicht des Lehrers.
Schreibe, welchen Moment der Geschichte du malst.